AF338562

NOUVEL APPEL

A L'OPINION PUBLIQUE

ET A L'ARMÉE,

PAR

Le Colonel SIMON-LORIÈRE,

Mis à la réforme sans traitement, et rayé des cadres des Officiers de l'armée *sans jugement*, par ordonnance du 6 septembre 1820, contresignée marquis Victor de Latour-Maubourg, ministre de la guerre, maintenant gouverneur des Invalides.

PARIS.

CHAUMEROT JEUNE ET DELAUNAY, LIBRAIRES,

PALAIS-ROYAL, GALERIES DE BOIS.

1827.

NOUVEL APPEL

A L'OPINION PUBLIQUE

ET A L'ARMÉE.

———•———

Depuis plus de sept ans, une affaire assez importante a fixé l'attention publique, moins pour ce qui m'y est personnel que pour ce qui s'y rattache aux intérêts généraux. Les officiers de l'ancienne et de la nouvelle armée ne peuvent rester indifférens à cette grave et importante question.

La tribune des deux Chambres a retenti des débats auxquels cette affaire a donné lieu ; mais il est des détails d'une nature plus confidentielle et plus propre à faire connaître quels sont trop souvent les considérations secrètes qui déterminent les décisions patentes de l'autorité.

Cette pensée m'a décidé à publier la correspondance qui s'est établie (depuis la dernière session) entre moi et M. le marquis Victor de Latour-Maubourg. J'y joins ma dernière pétition à la Chambre des Pairs, et deux lettres, l'une à M. le marquis de Clermont-Tonnerre, l'autre à M. le général comte B...., pair de France.

L'opinion publique est le juge en dernier ressort

des matières d'honneur ; j'ai voulu lui soumettre toutes les pièces du procès.

A M. le général comte B...., pair de France.

Paris, 24 janvier 1827.

Mon Général,

Le Ministre de la guerre ne m'a point écrit pour me donner le rendez-vous dont vous aviez eu la bonté de me parler. Mais M. Valette de Chevigny, son secrétaire intime, m'a fait prier, par un de nos amis communs, de passer chez lui, pour causer avec moi de la lettre que vous m'avez engagé à écrire à Son Excellence, et qui lui a été remise en conseil par M. le comte de Villèle.

Je me suis rendu à cette invitation, ce matin, et je m'empresse de vous rendre compte de notre conversation.

Sa Majesté, en conseil (car on se sert toujours de son nom quand les Ministres veulent sanctionner l'arbitraire), Sa Majesté, dis-je, aurait donné l'ordre à M. Clermont-Tonnerre de s'entendre avec M. de Latour-Maubourg ; et que, dans le cas où celui-ci n'y mettrait aucun obstacle, on pourrait proposer, *après la session*, de m'accorder le traitement de réforme : mais que je devais perdre à jamais l'espoir du rappel de ma solde arriérée, comme aussi de compter pour ma retraite les six ans et demi de ma destitution.

La session durera environ six mois cette année ; j'aurai accompli alors sept ans de destitution , et au lieu de vingt-six ans auxquels mes services me donneraient droit, je n'en aurais que dix-neuf. J'aurais donc encore onze ans à faire , avec un traitement annuel de 900 fr. Charmante expectative ! glorieux dédommagement de services honorables et du sang versé pour la défense de la patrie !.... Peut-on pousser plus loin l'oubli de toutes convenances ?... La même proposition me fut faite l'année dernière : je la repoussai avec indignation ; et comme je ne vois pas de motifs pour me rendre plus traitable cette année , je la repousse également , mais avec une augmentation de sentimens peu favorables à MM. les Ministres.

Vous le voyez , mon Général , c'est un parti pris. Le ministère ne m'accordera pas ce que je réclame à si justes titres. Le mot *justice* l'effraie. L'odieux arbitraire lui convient bien mieux.

Mon droit est consacré par les lois anciennes , sanctionnées par la Charte : on s'en moque. Le Mémoire à consulter faisant suite à ma quatrième pétition , le met dans une lumière évidente à tous les yeux : ces messieurs ne veulent pas les ouvrir. Ils croient que réduit à l'affreuse expectative de la misère , ainsi que ma vieille mère , ils m'amèneront à leur sacrifier mon honneur offensé ! Qu'ils me jugent mal !..... Aucune considération humaine ne pourrait me faire dévier de mes devoirs ; et c'en est un, mon Général, que de réclamer avec persévérance , en fa-

veur des principes et des lois écrites , violées si au-
dacieusement dans ma personne. Cette grave et importante question , résolue négativement , enlève le
bâton du maréchal de France comme l'épaulette du
sous-lieutenant.

Assez d'hommes à conscience méticuleuse crai-
gnent d'indisposer l'autorité en réclamant justice
pleine et *entière* , et se contentent d'un os à ronger ,
dans l'espoir qu'on leur saura gré plus tard de leur
honteuse concession. Je me fais gloire de ne pas partager des sentimens si bas , et tant que l'âme me
battra au corps, j'irai droit à mon but. *Fais ce que
dois, advienne que pourra :* voilà ma devise ; je n'en
changerai pas.

Je suis sûr, mon Général, qu'en vous tenant un pa-
reil langage, vous m'approuverez intérieurement ; car
vous êtes du très petit nombre de ceux de nos bons
généraux qui , au milieu des affreux désastres de notre
belle patrie , ont su garder une noble indépendance
et des vertus civiques. Vous m'en avez donné une
preuve bien touchante , aussi ma reconnaissance est
sans bornes.

Mon cœur éprouve le besoin de vous remercier de
toutes les démarches que vous avez été assez bon
d'entreprendre en ma faveur ; mais , comme je
craindrais que votre santé ne s'altérât par de nouvelles et infructueuses tentatives de votre part auprès
d'hommes si peu français , je crois devoir vous donner avis que j'ai déposé aujourd'hui ma cinquième
pétition au secrétariat de la Chambre des députés.

Je vais m'occuper d'en rédiger une autre pour la Chambre des Pairs, où je m'attacherai spécialement à réfuter les complaisantes objections *ministérielles* de MM. le comte Ruty , marquis de Latour-Maubourg , Lally-Tollendal et Dandigné (1). D'ici à

---

(1) Voir les opinions de ces quatre nobles Pairs dans le *Moniteur* du 13 mai 1826; elles sont de nature à piquer la curiosité publique, surtout celle de M. le comte Ruty, général d'artillerie, homme d'un grand savoir, mais qui n'en a pas fait preuve dans cette circonstance.

Quant à celles de MM. Dandigné et Lally-Tollendal, ce serait abuser de la patience de mes lecteurs que de les reproduire entièrement pour les discuter. Le premier prétend que le Roi m'a interdit de porter un uniforme que *je n'ai pas su honorer*. Les cheveux blancs du noble Pair, son ignorance complète des lois militaires et de mes services réels, ont retenu mon indignation.

Quant à M. Lally-Tollendal, il va chercher la législation française sur les bords de la Tamise; il veut bien me comparer à certain officier anglais qui aurait été renvoyé de l'armée sur ce que sa figure aurait déplu au Roi. Je puis affirmer que le même motif ne peut m'être applicable, car je n'ai jamais eu l'honneur d'être admis en présence d'un roi de France.

Qui ne se rappelle la conduite noble et touchante du jeune Lally, pour obtenir la réhabilitation de son infortuné père, dont je suis loin de supposer que la figure ait déplu au Roi?

M. de Lally, qui consent aujourd'hui à sanctionner l'odieux arbitraire, aurait-il oublié que, membre de nos anciennes assemblées législatives, il a concouru par son vote à la confection des lois qui régissent l'armée depuis cette époque? Quel contraste, grand Dieu! dans les opinions d'alors et dans la conduite actuelle du noble Pair.

peu de jours je la déposerai à la commission des pétitions.

Je suis, etc.

<hr>

Copie de la pétition adressée par moi à la Chambre des Pairs, session de 1827.

Paris, ce 17 février 1827.

NOBLES PAIRS,

Lorsque, l'année dernière, je m'adressais à vous pour réclamer contre l'acte arbitraire qui m'a dépouillé d'un grade que j'avais payé du prix de mon sang, et d'un traitement qui faisait toute ma fortune, j'agissais non seulement dans mon intérêt propre, mais encore dans l'intérêt de tous les officiers de l'armée, dont l'existence se trouvait compromise par la mesure qui me ravissait la mienne.

Sous ce rapport, j'accomplissais un devoir, et cependant, à l'époque dont je parle, le projet de Code militaire n'avait pas encore été présenté à Vos Seigneuries.

Peut-être aurez-vous déjà remarqué, à la simple lecture de ce projet, qu'aucune disposition n'y consacre les droits des officiers, l'inviolabilité de leurs grades et l'aliénabilité de leur traitement. De sorte que, si ce projet pouvait jamais devenir une loi, ils seraient dépouillés de toutes les garanties dont les a investis la législation actuelle, pour voir leur existence abandonnée à la merci de l'arbitraire.

Dans de pareilles circonstances, c'est à ceux qui,

comme moi, ont été ses victimes, à élever la voix ; et c'est un devoir impérieux auquel je ne veux pas manquer.

Je déclare donc que je réclame au nom de tout ce qui, dans l'armée, porte une épaulette et a droit à un traitement de réforme, de retraite ou de disponibilité.

Vous avez, nobles Pairs, nommé une commission à laquelle vous avez renvoyé l'examen du projet de Code militaire ; je vous demande d'y renvoyer aussi ma pétition. C'est un document qui lui est indispensable pour lui apprendre quel est l'état précaire où se trouvent placés, par le fait, les citoyens qui consacrent leur vie à la défense de la patrie, et combien il est nécessaire de faire cesser cet état. Vous êtes appelés à remédier au mal ; il faut, avant tout, que vous le connaissiez.

Je n'entre pas ici dans le détail des circonstances qui ont accompagné ma destitution, de toutes mes démarches pour la faire révoquer, et de toutes les indignités que j'ai recueillies au lieu de la réparation que j'attendais. Je ne discute pas davantage toutes les questions de droit que soulève ma réclamation ; le récit de tous ces faits, la discussion de toutes ces questions se trouvent consignés dans ma quatrième pétition imprimée, dont je dépose un exemplaire à l'appui de la présente.

Vous remarquerez, nobles Pairs, à la suite de cette quatrième pétition, une consultation signée des jurisconsultes les plus distingués du barreau de Paris ;

et vous vous convaincrez, en la lisant, que leur argumentation, fondée sur des textes de lois clairs et toujours en vigueur, avait répondu à l'avance à tout ce qui a été allégué pour faire passer à l'ordre du jour sur mes réclamations précédentes.

Je n'ajoute qu'un mot à ce qui est dit dans cette quatrième pétition. Depuis la session dernière, je ne me suis pas endormi ; j'ai multiplié encore une fois les démarches auprès de l'administration. Il y a plus : un des généraux les plus illustres de l'ancienne armée, un de vos nobles collègues, qui, déjà l'année dernière, m'avait défendu à la tribune, a entrepris, cette année, de me défendre dans le cabinet des Ministres. Il a embrassé ma cause avec cette chaleur d'âme qui lui appartient quand il s'agit de ses anciens compagnons d'armes, et en même temps avec cette loyauté, cette persistance et cette modération qui lui sont propres. Hé bien, nobles Pairs, savez-vous quel a été le résultat de toutes ces négociations ? Après deux mois, on a fini par m'offrir un simple traitement de réforme, sans rappel d'arriéré et sans vouloir me compter pour le temps de ma retraite sept ans bientôt de destitution. Ces propositions étaient déjà celles que l'on me faisait l'année dernière, avec cette différence qu'alors on consentait à me donner sur-le-champ ce traitement de réforme, et que, cette année, on ne voulait m'en gratifier *qu'à la fin de la session*, apparemment pour acheter, par cet espoir, mon silence pendant toute sa durée

Nobles Pairs, je n'ai pas hésité : ce n'est pas une faveur que je demande ; je demande *justice*, je la veux tout entière, ou je n'en veux point ; je refusai tout, et mon parti fut pris de m'adresser aux Chambres une cinquième fois.

Ainsi vous voilà convaincus qu'il n'y a pas moyen d'obtenir des Ministres la réparation des actes arbitraires qu'ils ont commis ; j'ai été et je demeure destitué sans jugement. Ainsi vous voilà convaincus, par mon exemple, que tous les officiers, dans l'état présent des choses, peuvent être et rester arbitrairement destitués ; qu'il y a urgence, par conséquent, de garantir plus efficacement la conservation de leur grade et du traitement auquel ce grade leur donne droit, en raison de leurs années de service ou de leurs blessures ; qu'il y a urgence, en un mot, de les faire passer du régime du bon plaisir au régime légal, et de combler la lacune qu'à dessein sans doute les Ministres ont laissé subsister dans le Code militaire, relativement à leurs droits.

Maintenant, nobles Pairs, après avoir ainsi satisfait au devoir que m'impose, envers tous les officiers de l'armée, la destitution qui m'a frappé, me sera-t-il permis de vous parler de moi-même ?

Mon droit est certain, et je réclamerais, par cela seul que mon droit est certain ; mais ma position ne m'en impose pas moins la nécessité que mon honneur. Après avoir consacré toute ma jeunesse à servir ma patrie dans les camps, je n'ai pas d'autre fortune que mon épée, et j'ai une mère âgée à soutenir.

Je n'insiste pas davantage sur ce point, nobles Pairs, persuadé qu'il suffit de l'avoir touché pour vous avoir émus sur mon sort, autant que le récit des outrages que j'ai essuyés a pu vous indigner, autant aussi que la justice de ma réclamation a pu vous convaincre.

Pour moi, quel que soit le destin réservé à mes pétitions, je les renouvellerai jusqu'à ce que l'arbitraire ait été réparé; c'est la mission que je me suis imposée, et à laquelle je serai fidèle tant qu'il me restera un souffle de vie. La puissance s'opiniâtre à m'opprimer, mais l'opiniâtreté de la plainte est aussi une puissance, et celle-là sera la mienne. J'affirme qu'un jour viendra où justice me sera faite.

Nobles Pairs, n'attendez pas que d'autres que vous en aient la gloire. Jamais occasion plus belle ne s'offrit pour vous de la conquérir (1). Des illustrations militaires, que vous vous glorifiez de posséder dans votre sein, viennent d'être insultées par cette puissance étrangère qui, toujours vaincue par nous, n'a jamais su nous vaincre : la cité tout entière s'en est émue, et ce cri de l'opinion publique devient aujourd'hui le plus ferme appui des préro-

---

(1) On se rappellera sans doute l'insulte faite à nos maréchaux dans la personne du duc de Reggio, chez l'ambassadeur d'Autriche.

gatives de la Pairie outragée par cette insulte. Il ne s'agissait que d'un titre cependant ; dont le retranchement n'ôte rien à nos Maréchaux, ni de l'éclat, ni des jouissances de leur vie. Moi, il s'agit de mon épaulette et du traitement qui me donne du pain. Ferez-vous moins pour moi que les citoyens ne font aujourd'hui pour vous, et me refuserez-vous l'appui qu'ils vous donnent ?

Ce n'est pas tout. Êtes-vous bien assurés que ces insultes de l'étranger ne présagent pas ses attaques ? Et, si le sol français est menacé, qui le défendra ? Sera-ce une armée conduite par des officiers qui, après s'être entièrement dévoués au salut commun pendant la guerre, n'auraient pour perspective pendant la paix que l'outrage et la misère ?... Songez-y, nobles Pairs, il est temps peut-être qu'ils soient enfin rassurés sur leur avenir, que l'arbitraire, qui aurait la licence de les dépouiller de toute leur existence, soit réprimé, et que des garanties légales leur soient offertes.

Je demande, en me résumant, le renvoi de ma pétition,

1°. Dans l'intérêt de toute l'armée :

A la commission chargée de l'examen du Code militaire ;

2°. Au Ministre de la guerre :

Premièrement, pour qu'il ait à présenter aux Chambres la partie du Code militaire relative à la pénalité, laquelle, en consacrant de nouveau la législation qui a existé de tout temps, et qui existe

encore aujourd'hui en France, devra, en organisant
ce qui concerne les destitutions par jugement, pré-
venir les destitutions arbitraires, et garantir ainsi
contre elles les droits des officiers, qui ne peuvent
pas rester plus long-temps en souffrance.

Secondement, en ce qui me concerne plus spécialement :

Pour qu'il ait à me rendre mon grade, mon traitement de non-activité, depuis le jour où j'en ai été
arbitrairement privé ; ou des juges, comme seuls
compétens pour prononcer sur mon sort.

Je suis, etc.

* * *

*Ma première lettre à M. le Général Marquis de Latour-
Maubourg, ancien Ministre de la guerre, Gouverneur des Invalides.*

Paris, le 10 mai 1827.

GÉNÉRAL,

Les journaux, en rendant compte de la séance du
3 mai courant, à la Chambre des Pairs, ont tiré la
conséquence, du silence de M. Clermont-Tonnerre
présent et des conclusions du noble rapporteur de ma
septième pétition (adoptée par elle), que le titre d'officier dont vous m'aviez dépouillé par votre lettre du
6 septembre 1820, ne pouvait plus m'être contesté.
« J'avais préparé, dès l'année dernière, une réfutation des discours qui ont été prononcés par quatre
nobles Pairs, contre les principes sacrés que j'invo-
quais. Je voulais donner une grande publicité à mon
écrit, mais la crainte de diminuer (en ce qui con-

cerne le général de Latour-Maubourg *seulement*) le haut degré d'estime de ses anciens frères d'armes, me fit abandonner mon projet. Je lui sacrifiai mon amour-propre, et, j'ose le dire, mes droits à l'estime générale de l'armée, par ma persistance à défendre ses droits, violés si brutalement dans ma personne. Je ne voulus voir que le brave et loyal Latour-Maubourg d'autrefois, trompé par la bureaucratie de son ministère. Celui qui ne souffrit jamais un passe-droit dans sa division ou son corps de cavalerie, et qu'avec tant de satisfaction nous proclamâmes, dans le temps de notre vieille gloire, *Chevalier sans peur et sans reproche,* ne pouvait s'associer à une mesure aussi inique qu'arbitraire.

La tournure que prend aujourd'hui ma réclamation me force d'entrer, avec l'ancien Ministre de la guerre, dans quelques explications de son discours de l'année dernière. J'attends de la noble franchise et de la loyauté du général Latour-Maubourg les éclaircissemens qu'il peut seul me donner.

Vous avez dit à la tribune des Pairs, séance du 9 mai 1826 :

« Que la décision dont je me plains n'a pas eu » pour objet de me priver de mon grade, et que rien » n'empêche que je ne sois rétabli sur les cadres de » l'armée, etc. , etc. »

Vous n'avez pas eu, dites-vous, Général, l'intention de me ravir mon grade, et cependant le dernier paragraphe de votre lettre, en date du 6 septem-

bre 1820 , est ainsi conçu : « *Il cesse en conséquence*
» *de faire partie des officiers de l'armée* (1). »

Comment l'entendez-vous donc, Général ? Est-ce
qu'un officier qui ne fait plus partie des officiers de
l'armée est toujours officier ?

Quel était le crime que vous me reprochiez ? « *D'a-*
» *voir des opinions opposées à celles du Gouvernement.* »
Et c'est sur un semblable motif que vous avez cru
devoir provoquer ma destitution par ordonnance !

Depuis quand la législation militaire consacre-
t-elle en principe qu'un ministre peut faire destituer
un officier sans le faire passer en jugement ? Vous
deviez savoir comme moi, Général, que vos attri-
butions n'allaient pas jusqu'à substituer l'arbitraire
à la loi. Notre législation est formelle à cet égard, et
la Charte y a donné une nouvelle sanction.

Au surplus, je l'ai prouvé de la manière la plus
formelle dans toutes mes réclamations depuis sept

---

(1) *Copie de la lettre de M.* DE LATOUR-MAUBOURG.

« Le ministre secrétaire-d'État au département de la guerre,
» donne avis à M. Simon, etc., etc. ;
» Que sur le compte qui a été rendu au Roi de sa conduite
» répréhensible, et des principes qu'il professe dans un esprit
» d'opposition au gouvernement, Sa Majesté, par décision du
» 6 septembre 1820, a prononcé sa réforme sans traitement.
» Il cesse en conséquence de faire partie des officiers de
» l'armée.

» *Signé* marquis Victor DE LATOUR-MAUBOURG. »

Paris, le 16 septembre 1820.

ans, et le Mémoire à consulter, faisant suite à ma quatrième pétition, le prouve évidemment : huit avocats des plus distingués du barreau de Paris n'ont pas craint de l'affirmer. N'y aurait-il, d'ailleurs, que la loi du 13 brumaire an V, qu'elle suffirait.

Vous deviez savoir, Général, qu'elle s'exprime en ces termes :

« Dans tous les cas où la peine du délit empor-
» terait celle de la destitution, cette dernière peine
» sera formellement prononcée par une sentence de
» condamnation. »

C'est en vain que vous vous efforceriez de prouver que vous n'avez pas eu l'intention de me ravir mon grade, que vous n'en avez voulu qu'à ma solde : ce ne serait là qu'une vaine allégation, qui ne pourrait changer la nature de l'acte illégal qui m'a frappé. D'ailleurs, ma solde était tout aussi sacrée que mon grade; vous n'aviez pas plus le droit de m'ôter l'un que l'autre, car la loi attache au grade un traitement quelconque, et je ne connais point de disposition législative qui crée des grades *in partibus* dans l'armée : je n'en connais que dans l'Église, encore ceux-ci touchent-ils des émolumens énormes du Trésor public. (Voir S. Em. Mgr. *d'Hermopolis.*)

Vous saviez, Général, que, par suite de l'ordonnance du 20 mai 1818, j'étais compris dans le nombre des officiers ayant plus de quinze années de service, et que j'étais nanti du titre ministériel qui me maintenait *définitivement* en jouissance du traitement de non-activité jusqu'à l'époque de ma retraité, ou jusqu'à ce que je fusse appelé à une destination active.

Je pourrais, Général, vous citer ici le texte de trente ou quarante lois sur la matière, qui n'ont point été rapportées, et auxquelles les art. 68 et 69 de la Charte ont donné une nouvelle sanction, pour vous prouver que vous avez transgressé à vos devoirs comme Ministre d'un Roi constitutionnel, en me retirant ma demi-solde et en me rayant du cadre des officiers de l'armée ; mais, comme il me reste à réfuter quelques passages de votre discours où vous semblez attaquer mon honneur, je vous renvoie, pour la partie de droit, à la consultation de mes avocats, faisant suite à ma quatrième pétition, dont ci-joint un exemplaire.

Vous ajoutez, Général, en répondant au général comte Belliard (1) :

« On a parlé des droits acquis par les services ;
» mais oublierait-on que, dans la carrière militaire
» plus encore que dans tout autre, un seul jour où
» l'on manque à l'honneur suffit pour effacer tous les
» services, et qu'il n'est pas de manquement plus
» grave à l'honneur que celui qui se fait l'ennemi de
» son Roi, etc., etc. »

---

(1) M. le général Belliard, dans un discours rempli de pensées nobles et touchantes, a parlé de mes services qui étaient à sa connaissance personnelle. (Voy. *le Moniteur* du 13 mai 1826.)

Général, ma modestie m'empêche ici de parler de mes services (dont une partie est à votre connaissance personnelle) : je me contenterai de dire, comme M. Dandigné, rapporteur de ma cinquième pétition à la Chambre des Pairs, que, parti simple soldat en 1802, j'ai parcouru tous les grades de l'armée jusqu'à celui de colonel ; que cette dernière récompense me fut accordée à la glorieuse bataille de Montereau, en 1814 (j'avais alors moins de vingt-huit ans d'âge). J'ajouterai que M. le Comte Dupont, Ministre du Roi, ne jugea pas à propos de me faire confirmer dans un grade gagné sur le champ de bataille, bien que cependant il l'eût formellement promis au général comte Gérard, sous les ordres duquel j'étais placé à Montereau. Il ne voulut pas reconnaître mon brevet de l'empereur, et me classa parmi les chefs de bataillon à demi-solde. Je repris mes épaulettes de colonel dans les *cent jours*, avec rappel de solde du jour de ma nomination. A la seconde restauration, le duc de Feltre me fit rétrograder une seconde fois à la demi-solde de chef de bataillon.

Il fut question de me donner de l'emploi dans ce grade sous le ministère du maréchal Saint-Cyr en 1819 ; mais je crus devoir écrire au chef du personnel (M. le comte Gentil Saint-Alphonse), pour le prier de me maintenir dans la position où je me trouvais depuis le licenciement, la préférant, à de l'emploi actif ; car je ne pourrais vaincre ma répugnance à servir autrement que comme colonel ;

puisque deux fois j'en avais porté les insignes au champ d'honneur.

Vous le voyez, Général, assurément le gouvernement du Roi ne m'a pas traité en enfant gâté depuis 1814.

Ma conscience me dit qu'il n'est pas un seul jour de ma vie où j'aie manqué à l'honneur ni à mes devoirs, et que mes services passés ne seront jamais effacés. Il n'appartient à personne au monde de porter atteinte à ma réputation ; je l'offre sans tache à mes amis comme à mes ennemis. Je n'ai jamais varié un seul instant dans mes principes ; ils sont ceux d'un honnête homme, attaché avant tout aux libertés constitutionnelles de son pays, et qui, sous ce rapport, ne fera jamais la moindre concession ; car c'est alors qu'il croirait manquer à l'honneur.

Il résulte de votre discours, Général, que je me serais montré l'ennemi du Roi ! Où en sont les preuves ? Je les demande depuis sept ans. J'ai voulu être confronté avec mon dénonciateur ; vous me l'avez refusé. J'ai cru, jusqu'à la dernière session, que c'était quelqu'infâme espion, échappé des bagnes, peut-être, et que, par un reste de pudeur pour un ancien officier, vous auriez rougi de me le faire connaître ; mais M. le marquis Forbin des Issarts, à la Chambre des députés, et M. Dandigné, à la Chambre des pairs, m'ont détrompé ; le coup part de plus haut. C'est à un lieutenant-général, commandant une division territoriale, que je suis redevable de cette obligation. Les lettres que j'ai adressées, l'année dernière *dans les journaux* (1), à M. Forbin des Issarts et à M. Clermont-Tonnerre, ministre de la guerre, font foi que j'ai demandé instamment à connaître le nom de ce général. Le silence qu'on s'est plu à garder à mon égard, prouve jusqu'à l'évidence que celui qui m'a dénoncé a fait, depuis long-temps, divorce avec l'honneur ; car s'il en avait eu la moindre parcelle, aurait-il refusé de se faire connaître lui-même ?

Il y a évidemment fausseté et infamie dans ses rapports envers vous.

Vous aurait-il dit, Général, que j'avais organisé une conspiration contre le gouvernement du Roi ? Vos devoirs, comme ministre, vous prescrivaient alors l'obligation de me traduire en jugement, d'observer, à mon égard, des formes légales ; mais non de proposer à Sa Majesté de prendre une décision contraire aux règlemens militaires et à la Charte, sur le seul et vain prétexte que mes opinions étaient en opposition avec celle du Gouvernement ; car votre lettre ne porte pas sur d'autres faits.

Je pense, Général, qu'au point où est arrivée la discussion sur mon affaire, pour éviter de nouvelles réclamations de ma part, comme de nouveaux débats parlementaires, que vous vous empresserez de vous entendre avec le Ministre actuel de la guerre, pour me faire rendre immédiatement mon arriéré

---

(1) Voir le *Constitutionnel* du 23 mars et le *Courrier Français* des 24 mars et 29 avril 1826.

de demi-solde , depuis le 6 septembre 1820 jusqu'à ce jour, avec ma réintégration sur les cadres des officiers en réforme , avec traitement équivalent à la non activité, ou des juges.

Je suis, etc.

Copie rigoureusement textuelle.

Au Lys-Dammartin , le 19 mai 1827.

Monsieur ,

La lettre que vous m'avez fait l'honneur de m'écrire le 10 de ce mois , m'a été renvoyée à la campagne, et sa lecture m'a fait faire cette réflexion, que si le malheur a le droit de se plaindre, ce droit a aussi des bornes dans lesquelles on peut se renfermer sans affaiblir l'intérêt qu'il inspire, surtout vis-à-vis de quelqu'un toujours prêt à aller au-devant de tous les genres de responsabilité que sa vie et ses actes publics avaient pu provoquer. Je ne crois donc pas devoir répondre autrement aux explications que vous me demandez sur ce que je peux avoir dit l'année dernière à la Chambre des pairs ; si ce n'est que je n'en dois compte qu'à cette Chambre et au Roi , et en vous reportant aux circonstances qui ont motivé, non la perte de votre grade, mais une position sur laquelle il appartenait à la prérogative royale de prononcer. — Je n'ai pas le dessein, Monsieur, d'aggraver ce que votre situation a de pénible, et cela est si éloigné de ma pensée , que j'ai désiré vivement de vous voir prendre une direction plus conforme à vos intérêts, et plus digne, selon moi, d'un officier supérieur dont je ne conteste pas certainement la distinction des services militaires avant la restauration.

Les journaux que vous citez comme ayant rendu compte du rapport fait sur votre dernière pétition à la Chambre des pairs, ont commis une grande erreur. Je n'étais pas à la séance dans laquelle ce rapport a été fait, mais je l'ai sous les yeux; j'y trouve que les conclusions du noble rapporteur sont d'une toute autre nature que le sens que ces journaux ont voulu lui donner, et ne changent en rien la position où vous vous trouviez placé avant cette séance. — Il vous serait facile de vous en convaincre en demandant la communication du rapport, ou au moins des conclusions du rapporteur adoptées par la Chambre des pairs : 1°. Sur vos réclamations personnelles; 2°. sur des questions générales traitées dans la seconde partie de cette pétition.

Le Ministre de la guerre n'avait rien à dire, ce me semble, sur une pétition que, dans les conclusions du rapporteur, il n'était pas question de lui renvoyer.

Quant à ce que vous me mandez, Monsieur, en terminant votre lettre, sur vos prétentions à ce que votre demi-solde arriérée, le traitement de réforme équivalent, etc., vous soient rendus, et sur ce que vous paraissez croire que je m'entendrai avec le Ministre de la guerre à ce sujet, je vous dirai franchement que j'aurais pu appuyer l'objet de vos réclamations, si une demande de votre part eût été exprimée d'une manière plus convenable. Celle que vous avez cru pouvoir choisir n'est nullement propre à opérer ce résultat. Il appartient d'ailleurs à M. le Ministre de la guerre seul, si vous lui avez fait la même communication, de juger et de prendre une décision sur l'espèce d'ultimatum que vous semblez lui prescrire.

Recevez, Monsieur, l'assurance de la plus parfaite considération et des sentimens avec lesquels j'ai l'honneur d'être, votre très humble et très obéissant serviteur,

Le Gouverneur des Invalides,
Marquis Victor DE LATOUR-MAUBOURG.

M. Clermont-Tonnerre , Ministre de la guerre.

25 Mai 1827.

MONSEIGNEUR ,

Tous les journaux , même le *Moniteur* , en rendant compte de la séance du 3 mai, ont tiré la conséquence de votre silence, en ne répondant pas aux conclusions du noble rapporteur de ma septième pétition , comme à l'éloquent discours du général comte Dejean, que V. Exc. partageait entièrement l'opinion de la Chambre, et que ma réintégration sur les cadres de l'armée suivrait immédiatement ; j'ai partagé moi-même cette opinion, qui est maintenant générale dans l'armée. Comment se fait-il,

Monseigneur , que je n'aie encore rien reçu des bu-
reaux de votre ministère depuis trois semaines ?

J'ose espérer que V. Exc. , bien convaincue du
tort immense que m'a fait éprouver ma radiation des
contrôles de l'armée, depuis sept ans , s'empressera
de donner des ordres pour que le rappel de toute ma
demi-solde me soit fait immédiatement , comme
aussi mon classement parmi les officiers jouissant
aujourd'hui du traitement de réforme équivalent à la
demi-solde, jusqu'à l'époque de ma retraite.

<hr/>

*Réponse à la lettre de M. le Général Marquis de La-
tour-Maubourg , Gouverneur des Invalides.*

Paris, le 7 juin 1827.

Monsieur le Général ,

En serait-il du despotisme ministériel comme de
l'honneur ? une fois les limites des lois franchies, ne
pourrait-on plus y rentrer ? C'est-là la pénible réflexion que m'a fait naître la lecture de votre lettre,
du 19 mai dernier , en réponse à celle que j'ai eu
l'honneur de vous adresser sous la date du 10 du
même mois.

« Vous concédez au malheur le droit de se plain-
» dre, et vous lui prescrivez les bornes dans lequelles
» il doit se renfermer , pour ne pas affaiblir l'intérêt
» qu'il inspire. »

J'ai relu et médité scrupuleusement , Général ,

ma lettre du 10 mai, et n'y ai rien trouvé qui pût motiver votre désapprobation, ni affaiblir en rien l'intérêt que j'ai été assez heureux d'inspirer, et dont, sans amour-propre, j'ose me croire digne. Mon caractère connu ne permet pas non plus de supposer que j'aie pu manquer un seul instant aux convenances ni au respect que je dois au brave général Latour – Maubourg, pour ses glorieux faits d'armes et sa loyale conduite *avant la restauration.*

L'opinion, quoi qu'on en dise, Général, est et sera toujours la reine du monde; elle ne m'a pas été défavorable jusqu'à ce jour, vous le savez. Je vais encore l'établir juge entre nous deux, en lui soumettant vos lettres et les miennes ; car, comme vous, Général, je ne crains pas « d'aller au-devant de tous » les genres de responsabilité que ma vie et mes actes » publics auraient pu provoquer. »

Je saisis, avec empressement, l'avis que vous voulez bien me donner, et je dis : Que rien dans ma conduite ne pouvait justifier la mesure inconstitutionnelle que vous avez prise à mon égard, en me retirant à-la-fois mon grade et toute espèce de traitement. Je dis mon *grade*, car toute personne de bonne foi connaissant la langue française, ne pourra se méprendre sur le sens que vous avez donné au dernier paragraphe de votre lettre, en date du 6 septembre 1820, où vous dites :

« *Il cesse en conséquence de faire partie des officiers* » *de l'armée.* »

Quant à ce qui concerne mon traitement de non-activité, qui m'était garanti par l'ordonnance d'organisation générale de l'armée, en date du 20 mai 1818, vous n'aviez pas le droit de me le retirer, ni même d'en changer la nature, si ce n'est en me donnant d'abord de l'activité, puis ensuite la réforme.

Je respecte beaucoup la prérogative royale, et ne chercherai jamais à l'affaiblir ; mais je dis aussi que le Roi s'est imposé lui-même des limites par la Charte, et que cette même Charte ne permet pas qu'on puisse soustraire un seul Français à ses juges naturels. J'ai demandé des juges, pourquoi me les avez-vous refusés, vous, Ministre responsable? Au surplus, ma réfutation du discours que vous avez prononcé l'année dernière sur ma cinquième pétition, et qui forme l'objet de ma lettre du 10 mai, ainsi que la consultation des avocats les plus célèbres du barreau de Paris, ne laissent aucun doute sur l'illégalité de la mesure que vous avez prise contre moi. Vous serez, Général, tant que vous ne l'aurez pas fait réparer, « responsable de cet acte de notre vie publique, » qui contraste d'une manière bien frappante avec la grande distinction des services du général Latour-Maubourg, *avant la restauration.*

« Vous prétendez, Général, que les journaux ont » tiré une fausse conséquence des conclusions du » noble rapporteur de ma septième pétition, et que » rien n'est changé dans la position où je me trouvais » placé avant la séance du 3 mai. » J'avais ce rapport sous les yeux lorsque j'ai eu l'honneur de vous écrire (1). Vous me permettrez de ne pas partager votre opinion, et vous souffrirez que je me range de celle d'un grand nombre de Pairs, de Généraux et Officiers de tous grades de l'ancienne et de la nouvelle armée, qui m'ont adressé des félicitations sur le triomphe que je venais d'obtenir à la Chambre haute. Au surplus, comme ma pétition est renvoyée au bureau des renseignemens, nous verrons, à la session prochaine, lorsqu'il sera question du nouveau Code militaire, section de la *pénalité*, lequel de vous ou de moi aura tort ou raison (2).

Vous prétendez également « que le Ministre de la » guerre n'avait rien à dire sur une pétition que, » dans les conclusions du rapporteur, il n'était pas » question de lui renvoyer, etc. » Oserai-je vous demander pourquoi, dans les sept discussions qui ont eu lieu sur une question aussi grave qu'importante, les divers Ministres chargés du portefeuille de la guerre ont cru devoir garder le silence le plus absolu? Et pourquoi ceux de leurs collègues, entièrement étrangers à la législation militaire, se sont

---

(1) Voyez le rapport fait à la Chambre des Pairs par M. le comte d'Argout, séance du 5 mai 1827, n°. 151.

(2) Espérons de la haute sagesse de la Chambre des Pairs que ce nouveau Code militaire, qui tend à désorganiser l'armée, subira de nombreux amendemens, et que tout ce qui respire l'odieux arbitraire sera rejeté. Serions-nous assez malheureux pour qu'il passât tel que le ministre l'a proposé, je ne m'en trouverais pas moins, en ce qui me concerne, sous le bénéfice de l'ancienne législation; car la loi n'a pas d'effet rétroactif.

chargés du soin de traiter une question d'où dépend le sort et l'existence de tous les Officiers de l'armée, depuis le Maréchal de France jusqu'au Sous-Lieutenant?

M. Clermont-Tonnerre avait cependant manifesté le désir de se trouver à la séance de la Chambre des Pairs, lorsqu'il serait question de ma septième pétition. Le rapport devait en être fait le 27 avril, et la parole était déjà accordée au noble rapporteur, lorsque M. le duc Doudeauville, encore ministre, pria la Chambre, au nom de son collègue absent, et qui l'en avait prié, de vouloir bien l'ajourner à une prochaine séance. Tout semblait donc annoncer que Son Excellence prendrait enfin la parole : elle a jugé à propos de garder un prudent silence, surtout après l'excellent discours du général comte Dejean ; et je crois qu'elle a bien fait, car en effet il eût été bien difficile à M. Clermont-Tonnerre, comme à tout ministre de bonne foi, et versé dans la connaissance du droit qui régit l'armée, de soutenir une thèse contraire aux principes que j'invoque.

Vous me dites plus bas, Général, « que vous au- » riez pu appuyer l'objet de ma réclamation près du » Ministre de la guerre, si une demande de ma part » eût été exprimée d'une manière plus convena- » ble. » Vous reconnaissez donc que j'ai raison au fond, mais que je n'ai péché que par la forme ?

Le langage que j'ai tenu est celui que je devais employer, celui qui convenait à mon caractère, celui enfin de l'honneur offensé.

Qui jamais aurait pu croire , Général, que , sans hésitation aucune , et au mépris de nos lois , vous auriez consenti à me dépouiller du modeste traitement qui devait sustenter ma vieillesse et celle d'une mère dont je suis l'unique soutien !.... Depuis sept ans, vous m'avez condamné à l'ilotisme dans mon pays , et vous semblez aujourd'hui vous glorifier de ce que vous avez fait en me sachant malheureux... Non content, vous voudriez encore que je tinsse envers vous le langage d'un esclave suppliant !...

Je m'arrête, car je craindrais , en récriminant sur le passé , de n'avoir pas assez de vertu pour mettre en pratique le pardon des injures , commandé par la sainte religion dont les exercices pieux et édifians vous sont si familiers.

Pensez, en vous approchant des saints autels, à tout le mal que vous m'avez fait, et qu'un bon mouvement de cœur vous porte à le réparer promptement, car, vous le savez, je souffre par votre faute, et par votre très grande faute.

Rendez à César ce qui est à César, et à Dieu ce qui est à Dieu.

Vous mettrez, je n'en doute pas , en pratique , ce commandement de notre divin Rédempteur , en vous entendant avec M. Clermont-Tonnerre pour me faire rendre :

1°. Ma demi-solde arriérée , depuis le 6 septembre 1820 jusqu'à ce jour ;

2°. Ma réintégration sur les cadres des officiers en

réforme, avec traitement équivalent à la non-activité, ou des juges.

Je suis aussi sûr que de mon existence, que si vous étiez dans la même position que moi, vous tiendriez absolument la même conduite : car il ne s'agit que d'être honnête homme, d'avoir une conscience pure et des sentimens d'honneur.

Revenez donc promptement, Général, à ceux si loyaux et si francs qui vous faisaient chérir de vos vieux compagnons de gloire, *avant la restauration ;* sacrifiez à l'amour-propre l'aveu des torts que dans le fond de votre cœur vous vous reprochez, j'en suis sûr ; mais si, contre mon attente, vous y persistez plus long-temps, Dieu et ces mêmes compagnons d'armes ne vous le pardonneront jamais.

Comme vous l'avez prévu, Général, j'ai écrit à M. Clermont-Tonnerre ; je ne lui prescris rien, car malheureusement je n'ai rien à prescrire ; mais je lui demande, comme à vous, *pleine et entière justice.* Depuis sept ans, vous le savez, je demande la même chose. On consent, à la vérité, à m'accorder tantôt un quart, tantôt moitié de *justice ;* mais je refuse et refuserai constamment. *Je veux tout ou rien, et c'est, comme vous le dites fort bien, mon ultimatum.*

Ainsi que je l'ai déjà dit à la noble Chambre dont vous faites partie : « Accepter moins que ce qui » m'est dû serait de ma part un aveu des torts que » je n'ai pas, et par conséquent une lâcheté dont je » suis incapable, et de la part de l'autorité un par-

» don dont je ne veux pas , et qu'elle n'a pas le droit
» de m'accorder. »

J'ai l'honneur , etc.

Le Colonel avant la restauration ,

SIMON-LORIÈRE.

Comme j'en avais pris l'engagement , je viens de mettre sous les yeux du public tous les documens qui peuvent déterminer son jugement et l'éclairer.

La reconnaissance que m'inspire l'intérêt dont j'ai été l'objet auprès de nobles et honorables orateurs , doit également trouver place ici. Je serais heureux qu'ils pussent reconnaître que ce n'est point à tort qu'en défendant les principes généraux , ils ont pris la défense d'un officier maltraité par le pouvoir.

www.ingramcontent.com/pod-product-compliance
Lightning Source LLC
Chambersburg PA
CBHW061647050726
47598CB00004B/1490